El último viaje

Nuestra historia by Voces Digital
&
Teacher's Discovery

Escrito por
A.C. Quintero

Agradecimientos a
Diego Ojeda (Bogotá, Colombia)
Diego Cuadro (Medellín, Colombia)

Tabla de contenidos

Capítulo 1
El viaje

Valeria Montoya era una chica ambiciosa, inteligente y muy trabajadora. Tenía veintidós años y era una de las mejores estudiantes de la Universidad de Medellín. Estudiaba **diseño**[1] porque quería ser una diseñadora famosa.

Su abuela le había enseñado a **coser**[2] y Valeria quería usar su talento y visión para **ganarse la vida**[3]. Y Medellín, la ciudad de «La eterna primavera», era el lugar perfecto para su profesión; era la ciudad de «la moda». La industria de los textiles, que producía la ropa, era una de las industrias más importantes de la ciudad. Además, Medellín tenía concursos populares de moda y belleza, y desfiles de moda. De hecho, muchas de las **marcas**[4] colombianas de ropa eran de Medellín. Valeria quería ser parte de ese mundo.

Por su belleza y divertida personalidad, ella había conseguido un trabajo como modelo en una agencia muy prestigiosa de Medellín. Dejó los estudios porque tenía que viajar para modelar para diferentes compañías de ropa. A ella le encantaba viajar. Estaba muy feliz porque iba a salir en los catálogos de ropa.

Aunque su trabajo era un sueño hecho realidad, Valeria aprendió muy pronto que todo lo **que reluce, no es oro**[5]. Y su viaje del día siguiente a Barcelona, España, relucía, mucho, pero le producía

---

1   design
2   to sew
3   make a living
4   brands
5   all that glitters isn't gold

mucha ansiedad, y por buenas razones.

La mañana del viaje, Valeria se despertó muy nerviosa. No podía dejar de pensar en el viaje. Se sentó en la cama, ansiosamente. De repente, su madre entró rápidamente a la habitación.

«¡Valeria, vas a llegar tarde al aeropuerto!», exclamó Rosa, su madre.

Valeria miró su teléfono; la alarma **no había sonado**[6]. Ella se levantó y empezó a empacar rápidamente las últimas cosas para el viaje.

«Hija, ¿por qué dejas todo para el último minuto?», le preguntó Rosa mientras la ayudaba a empacar.

«Pensé que tenía todo», dijo Valeria, poniendo su ropa en la maleta.

Valeria estaba cerrando la maleta, cuando notó que faltaba su ropa favorita.

«¿Has visto mis zapatos rojos?», le preguntó desesperadamente a su madre.

---

6   had not sounded off

Ella tenía que estar en el aeropuerto José María Córdova en una hora. El aeropuerto estaba a media hora de donde vivía y no podía perder el vuelo por nada del mundo. Todo tenía que ocurrir de acuerdo al plan.

«Sí, hija, están aquí», respondió la madre, recogiendo los zapatos.

«¿Has visto mi falda negra?», preguntó Valeria, mirando desesperadamente por la habitación.

«Está aquí también», le dijo la madre, dándole la falda.

«Apúrate, vas a perder el vuelo», exclamó Rosa.

De repente, su madre escuchó el sonido de una **bocina**[7] afuera.

«Hija, ya llegó el taxi», le dijo su madre nerviosamente.

«**¡Ay, Dios mío!**[8] Me estoy olvidando de algo», dijo Valeria, mirando ansiosamente alrededor de la casa.

El taxista tocó la bocina otra vez.

«¡Apúrate, hija!», dijo la madre, mirando al taxista por la ventana.

Su madre la abrazó.

«Bueno, hija, pues, me llamas cuando llegues al aeropuerto. Hija, yo iría contigo, pero me acaban de llamar del hospital. ¡Una de las enfermeras no fue hoy!»

«Está bien mamá. No te preocupes. Te llamo cuando llegue al aeropuerto», respondió Valeria, abrazando a su madre de nuevo.

Se abrazaron de nuevo. Valeria ya se iba, cuando su madre recordó algo:

«Espera, hija. Quiero darte una **cadena dorada**[9] para la buena suerte. Que Dios te proteja», le dijo la madre, poniéndole la cadena especial.

---

7   horn
8   Oh, gosh
9   gold chain

Capítulo 2
El aeropuerto

Mientras Valeria viajaba al aeropuerto en el taxi, contempló la ciudad de Medellín. Admiró la naturaleza de Medellín, su ciudad natal. Veía las tiendas pequeñas donde vendían flores y las montañas en la distancia, que formaban una **barrera**[10] alrededor de la ciudad. Pasó por sus panaderías favoritas y el aire olía al olor del pan recién **horneado**[11] que se mezclaba con el olor a flores en el aire; olía a Medellín.

Llegó al aeropuerto. Salió del taxi y vio un **letrero**[12] grande enfrente. En el letrero había una imagen de una mujer muy bonita. Valeria miró a la mujer. Admiraba su cuerpo, su pelo y su confianza. Pensó por un momento: «Quiero ser como ella».

De repente, leyó un mensaje al pie del letrero. El mensaje decía: «Valora tu vida, no seas una mula».

Inmediatamente, Valeria se puso nerviosa. Las mulas eran aquellas personas que transportaban drogas secretamente. Los narcotraficantes usaban a las personas para transportar las drogas. Hacía unas décadas, las drogas eran un gran problema en Colombia.

10   barrier
11   baked
12   sign

Durante los tiempos de Pablo Escobar Gaviria, Medellín era un lugar peligroso. Las drogas y la violencia eran grandes obstáculos para el progreso de Colombia.

Sin embargo, en los últimos años los equipos antinarcóticos, el Gobierno y los ciudadanos han trabajado mucho para resolver ese problema. Hoy en día, Medellín es una de las ciudades más seguras de Colombia. Y las exportaciones principales de Medellín ya no son las drogas, sino las flores, la moda y la innovación tecnológica.

Cuando Valeria vio la palabra «mula» en el letrero, se puso nerviosa. Ella se quedó como una estatua, mirando el letrero, la mujer bonita y el mensaje.

En ese instante, alguien **chocó**[13] con ella, interrumpiendo su trance.

«Ay, discúlpeme», dijo la persona.

«Tranquilo, no pasa nada», dijo Valeria, mirando hacia el piso.

Cuando miró a la persona, Valeria casi tuvo un ataque al corazón. Era un policía. Ella y el policía **se miraron fijamente**[14]. Se conocían.

Por los nervios, se le cayó la mochila, dejando caer la computadora al piso. La base de la computadora se rompió un poco, exponiendo lo que había adentro. Los ojos se agrandaron. Ella y el policía miraron la computadora en el piso. Valeria trató de recogerla rápidamente, porque su computadora guardaba un secreto.

El policía se **agachó**[15] rápidamente para ayudarla, y en

ese momento notó que la computadora se abría parcialmente; y había algo adentro. Él miró sospechosamente a Valeria. La computadora tenía las drogas que ella iba a transportar a Barcelona, España. Valeria era una mula.

Desafortunadamente, el policía estaba muy familiarizado con

---

13   bumped
14   stared at each other
15   bent down

estos casos. Cuando él levantó la computadora, miró fijamente a Valeria. Ella sabía que iba a tener problemas serios.

«No lo puedo creer», dijo el policía, disgustado con lo que había visto en su computadora.

«Se lo puedo explicar», dijo Valeria nerviosamente.

Pero, el policía estaba muy dedicado a su misión y no quería escuchar una explicación. Su padre había sido una víctima en la **guerra**[16] contra Pablo Escobar Gaviria, el jefe del Cartel de Medellín. Pablo Escobar había matado a miles de personas, incluso muchos policías y políticos que intentaban arrestarlo. Así que el policía tenía poca paciencia con las personas involucradas en drogas. Hacía su trabajo con convicción y quería servir a su país. En ese momento tan intenso, sacó las esposas y llamó a otro oficial.

El otro oficial llegó rápidamente, miró la computadora en el piso y supo inmediatamente cuál era el problema: ella era una mula. Le dijo a Valeria:

«Queda usted detenida por tener sustancias ilegales».

«Se lo puedo explicar. Por favor, no me lleven», lloró Valeria.

«Vámonos, señorita. Todo se acabó», dijo el otro oficial.

«¡No me lleven! ¡No me lleven!», gritó Valeria.

«Se lo puedo explicar», repitió Valeria.

«Explíqueselo al juez», dijo el otro oficial.

«¡No me lleven! ¡No me lleven! ¡Noooooo!», gritó Valeria, peleando con los policías.

---

16   war

Capítulo 3
¡No me lleven!

«Valeria, ¡despiértate! ¡Despiértate!», le gritó su madre, tratando de despertarla.

Valeria siguió gritando.

Valeria se despertó de repente. Tenía una mirada muy desorientada. Miró a su madre como si no la reconociera.

«Mamá», le dijo Valeria llorando.

«¿Otra **pesadilla**[17], mi hijita? Quizás no debas viajar a Barcelona. Es la segunda pesadilla que has tenido esta semana. ¿Por qué ese viaje te está causando tanta ansiedad? ¿Hay algo que no me estés contando?»

Pero Valeria no pudo decirle la verdad a su madre. No pudo decirle sobre su misión especial.

«Son los nervios, eso es todo», respondió Valeria.

Rosa sabía que algo no estaba bien. Ella notaba que el comportamiento de Valeria había cambiado un poco después de firmar el contrato con la agencia de modelos. Rosa no quería que su hija viajara, pero respetaba sus sueños de ganarse la vida como una modelo y ser independiente. Sabía que era la aspiración de muchas chicas jóvenes.

Su madre se le acercó. Se sentó en la cama y le dijo: «Hija, si no quieres ir, no te vayas. Tu salud mental es más importante que este trabajo».

«Todo saldrá bien; son los nervios», respondió Valeria.

«Bueno, hija, el taxi va a llegar en unos minutos. Voy a ver si tu abuela está bien. Esta mañana se despertó tosiendo mucho».

Su madre salió de la habitación. Valeria se quedó mirando el equipaje. Empezó a tener dudas. Su madre tenía razón, era la segunda vez que tenía pesadillas en esa semana. Tenía mucho miedo. Sacó el teléfono celular y llamó a María; ella trabajaba en la agencia. Ella había coordinado el viaje a Barcelona.

«Hola, María. ¿Qué tal?», saludó Valeria.

«Todo bien. ¿Ya estás en el aeropuerto?».

«Pues, por eso te llamo. Tengo **los pelos de punta**[18]... Tengo tanto miedo», le dijo Valeria, nerviosamente.

«Valeria, no te preocupes. Además, es el último viaje. Todo está controlado», le dijo María para calmarla.

María ya estaba acostumbrada a ese tipo de trabajo. Ella sabía que las chicas se ponían nerviosas en el momento de actuar; era muy normal.

«¿Qué tal si me atrapan allí en el aeropuerto?»

«No te va a pasar nada. Están buscando a las personas que tienen **la pinta**[19] de "tener drogas". En cambio, tú eres de buena familia... Nunca van a sospechar de ti».

Hubo un momento de silencio; después, María le dijo: «Además,

18   I am very nervous
19   the "look"

hay una persona que te necesita. Piensa en ella. Hazlo por ella. Si no vas, no podrás ayudarla».

Las personas como María sabían cómo presionar a las jóvenes como Valeria.

En ese instante, Valeria miró la foto de su abuela Delia en la mesita de noche y encontró las fuerzas para continuar con el plan.

«De acuerdo. Lo haré por ella», dijo Valeria.

«Bueno, entonces, cuando llegues a Barcelona, obedece mis instrucciones **al pie de la letra**[20]. Ya lo tenemos todo organizado. El boleto ya fue enviado a tu correo electrónico. Vas a llegar al aeropuerto de Barcelona, tranquila. Nuestro contacto estará esperándote».

Cuando terminó de hablar con María, ella escuchó una bocina afuera. Pensaba en su misión especial. Aunque María la tranquilizó un poco, todavía tenía dudas sobre la misión. Miró el taxi por la ventana y se quedó inmóvil. Tendría que tomar una decisión, y pronto.

---

20   to the letter; "exactly"

Capítulo 4
Las noticias

Dos meses antes...

La abuela de Valeria abrió la puerta.

«Hola, señora Delia. ¿Cómo está usted?», le preguntó Carolina, la mejor amiga de Valeria.

«Estoy bien, gracias a Dios. Estoy tosiendo mucho todavía y me duele el pecho», dijo la abuela. «Pero ¿qué le voy a hacer?»

«¿La EPS todavía no ha aprobado la cirugía?», le preguntó Carolina, entrando a la casa.

Las Entidades Promotoras de Salud, o la EPS, es una red de servicios que trabajan con el sistema nacional de salud de Colombia.

17

Normalmente, los trabajadores en Colombia, por medio de su compañía, están afiliados a una de las empresas de la EPS. Las empresas de salud son los intermediarios entre las empresas y los hospitales. La EPS tiene otra función muy importante en la salud pública: aprueba las cirugías u otros procedimientos médicos para los hospitales y clínicas. El problema es que las aprobaciones tardan mucho y las personas enfermas o con condiciones delicadas se ponen peor. Por ejemplo, muchos trabajadores se quejan de que tienen que esperar largas horas para poder ver a un doctor durante una urgencia. Desafortunadamente, la abuela de Valeria era una de estas personas. La abuela continuó hablando con Carolina.

«A mi edad, ellos no van a aprobar la cirugía porque no ganan nada con eso. Es más económico que me muera», dijo la abuela Delia en un tono triste.

«¡No diga eso! Todo se va a solucionar», dijo Carolina, abrazando a la abuela.

«**Que Dios te oiga**[21], mi hijita. Valeria está dormida en su habitación. ¿Quieres algo de tomar?», le preguntó la abuela.

En ese instante, Carolina tuvo una idea. Ella iba a darle una gran sorpresa a su amiga.

«Sí, agua por favor», respondió Carolina, «y bien fría», confirmó, riéndose.

La abuela miró fijamente a Carolina y le dijo: «Tienes una sonrisa maliciosa. ¿Qué vas a hacer con el vaso de agua fría?», dijo la abuela riéndose.

«Ya verá», dijo Carolina al subir por las escaleras lentamente.

Carolina entró a la habitación de Valeria; ella estaba profundamente dormida. Carolina tomó el vaso de agua fría y **se la echó**[22] encima a Valeria.

«¡Aaay!», gritó Valeria al saltar de la cama. «¿Qué fue eso?»

La abuela Delia se rió cuando escuchó el grito de su nieta.

«¡Buenos días!», anunció Carolina.

«¡Estás loca!», le dijo Valeria a Carolina, secándose la cara.

«Soy tu despertador. ¡Despiértate!», dijo Carolina.

«¿Por qué estás aquí tan temprano?», le preguntó Valeria,

---

21   May God hear you

22   threw it on her

cerrando las cortinas y mirando su teléfono celular.

«Pues, tengo muy buenas noticias», dijo Carolina.

En ese momento, la puerta se abrió y entró la abuela.

«Señoritas, el desayuno ya está servido».

«Abuelita, usted está enferma. No debería estar preparando nada. Tiene que descansar», dijo Valeria con un tono de preocupación.

«Estoy enferma, ¡pero no muerta! He preparado arepita, calentado de frijoles, huevo revuelto y plátano maduro».

«Abuelita, no se preocupe, voy a tomar un licuado de proteína. Estoy a dieta. No puedo comer toda esa comida».

«¿A dieta? ¡Pero eres tan delgada, hijita! Necesitas comer un poquito. Come, mi niña», le dijo la abuela.

«Pues, lo que ella no se coma, ¡lo comeré!», dijo Carolina, «¡Me encantan las arepas suyas, doña Delia!».

Carolina miró fijamente a Valeria.

«¡Debe ser un **pecado**[23] no comer la comida preparada por la abuela!», dijo Carolina.

«Bueno, dale», dijo Valeria al salir de la habitación.

Las chicas acompañaron a la abuela a la cocina. Ella les sirvió la comida. Las dos comieron el desayuno delicioso. Cuando terminaron de comer, Valeria miró a Carolina con una mirada curiosa.

«¿Y? ¿Cuáles son las noticias? ¿Tienes el dinero que me debes, o me vas a regresar el vestido que te di la semana pasada?»

«Ay, no. Ninguna de las dos; es algo mejor», dijo Carolina con una sonrisa grande.

En ese momento, Carolina sacó una tarjeta personal.

«¿Qué es esto?», le preguntó Valeria, mirando la tarjeta personal.

«Es la tarjeta de Germán Aristizábal, de la agencia de modelos. Están buscando modelos para una nueva línea de ropa», respondió Carolina.

«¿Germán? Su nombre me suena», dijo Valeria pensativa.

«Es el hijo de Elías Aristizábal, el dueño de la agencia», comentó Carolina.

«¡Claro!», le dijo Valeria, «Creo que lo he visto en la tele, él organiza los concursos de belleza, ¿verdad?».

23   sin

19

«¡Exactamente! Es él, ¡y es muy guapo!», dijo Carolina con una sonrisa grandísima.

«¡Qué noticias!», respondió Valeria, mirando la tarjeta otra vez. Valeria también quería ser modelo.

«Él me dijo que podría ser la próxima Vanessa Mendoza», dijo Carolina feliz.

Vanessa Mendoza fue la primera reina colombiana de ascendencia africana. Ella era del Departamento de Chocó y era muy famosa en Colombia.

Las chicas terminaron de desayunar y subieron las escaleras para regresar a la habitación de Valeria.

«Es un hombre libre, rico y joven. ¡Solo tiene 28 años!», dijo Carolina.

«Cálmate... Es solo un trabajo, no una **propuesta**[24] de matrimonio. No te ilusiones tanto».

«Pues, no cuesta nada soñar. Estoy súper emocionada. Tengo una cita para la agencia más tarde. ¿Puedes acompañarme?», le preguntó Carolina.

«Claro que sí. Yo iba a almorzar con Diego...».

Carolina la miró con **ojos suplicantes**[25]. «Pero esto es muy

---

24   proposal

25   puppy dog eyes; pleading eyes

importante», dijo Valeria.

«¡Gracias!», exclamó Carolina, abrazando a Valeria.

«Pero, si vas a modelar, no deberías comer tantas arepas», le advirtió Valeria.

«**¡Una al año no hace daño**[26]!», respondió Carolina.

Valeria sacaba la ropa que iba a usar para ese día cuando notó que Carolina estaba mirando sus nuevos vestidos.

«¿Qué haces en mi armario?», preguntó Valeria.

«Pues, ese es el otro problema que tengo. Necesito un vestido para hoy. ¿Puedo ponerme este vestido?», preguntó Carolina con el vestido en la mano.

«Pues sí, ahora son dos vestidos», dijo Valeria.

Valeria miró la cara de Carolina y le dijo: «Te voy a maquillar también».

«¡Gracias! Eres la mejor amiga del mundo. ¡Eres divina!», dijo Carolina, abrazando a Valeria.

Después de la sesión de maquillaje, Carolina se miró en el espejo.

«¿Cómo me veo?», preguntó Carolina, con mucha emoción.

«¡Te ves como una reina! Medellín va a tener una Vanessa Mendoza **paisa**[27]».

26   everything in moderation
27   from Medellín

Capítulo 5
La agencia

Más tarde, Valeria y Carolina salieron del metro y buscaron la agencia de modelos.

«Según el mapa, está por allí», indicó Carolina.

Las chicas caminaban hablando y disfrutando de las vistas bonitas del parque. De repente, Carolina dejó de hablar. Ella estaba paralizada.

«Carolina, ¿qué pasa?», le preguntó Valeria, preocupada.

«¿No hueles eso?», dijo Carolina.

«¿Oler qué? ¿La contaminación de tantos camiones? ¡Si, lo huelo muy bien!», respondió Valeria.

«No, boba[28], la panadería», dijo Carolina, mirando hacia la dirección de la panadería.

Entraron a la panadería. Carolina ordenó unos buñuelos con **un tinto**[29]. Carolina comía su pastel cuando, de repente, vio el edificio que buscaban.

«Mira, la agencia está allí. ¡Qué bueno! Mi nuevo trabajo está tan cerca de esta panadería», comentó Carolina.

«Si vas a ser modelo, no deberías ir tanto a una panadería», dijo Valeria.

Las dos se rieron y se fueron para la agencia de Germán.

Era una agencia impresionante. Cuando entraron, dos modelos estaban saliendo al mismo tiempo.

---

28   no, silly
29   black coffee

«**Buenas**[30]», dijeron las modelos al salir de la agencia.

«Buenas», dijeron Valeria y Carolina al mismo tiempo.

«Mira, son tan hermosas», dijo Carolina, mirando a las modelos al salir de la agencia.

«¡Tú también eres hermosa!», dijo Valeria.

«Ay», dijo Carolina, apretando el estómago, «No debí comer esos buñuelos... Tengo un dolor de estómago».

«Te lo dije, pero no escuchas», dijo Valeria con una mirada autoritaria.

Caminaron hacia el escritorio de la recepcionista, pero ella estaba hablando con otras chicas. Había una pintura gigante colgada detrás del escritorio. La pintura les llamó la atención por su grandeza. Valeria miró la pintura, haciendo comentarios sobre la técnica del artista.

Cuando la secretaria regresó al escritorio, observó a las chicas. Generalmente las personas que entran no miran mucho la pintura, sino que están entretenidas con sus celulares.

«Es una pintura de...».

Antes de que la secretaria terminara de hablar, Valeria le dijo:

«Es una pintura española», dijo Valeria, admirando el arte.

«¿Usted estudia arte?», le preguntó la recepcionista intrigada.

«Mi tío me llevó al Museo del Prado en Madrid. Además, estudio diseño en la universidad. Siempre tenemos clases de arte».

«Veo que usted está muy informada», dijo la recepcionista, «¿En qué les puedo **ayudar**[31]?».

«Estamos aquí para ver al señor Aristizábal», dijo Carolina con voz firme.

«¿Usted tiene cita, señorita?», le preguntó la recepcionista.

«Sí, mi nombre es...».

En ese momento un hombre entró y la interrumpió.

«Carolina, ¿qué tal?», dijo el señor Aristizábal.

Él miró a la recepcionista.

«María, está bien, vienen conmigo», dijo el señor Aristizábal.

«En ese caso, escriban sus nombres aquí, en el registro», dijo la recepcionista, dándoles el registro de la agencia.

La agencia tenía unas listas de todas las personas que la visitaban.

«Hola, señor Aristizábal», respondió Carolina.

«Llámame Germán», dijo, besándola en la mejilla.

Él miró a su amiga: ella era igual de bonita.

«Ay, perdón. Ella es mi amiga Valeria. Ha venido para acompañarme. ¿Está bien?»

«Sí, claro. Pasen a mi oficina», dijo Germán.

Mientras las chicas entraban a la oficina de Germán, él habló con María.

«¿Ya hiciste la reservación en el Museo de Antioquia?»

«Sí, a las seis y veinte. Te confirmo la sala más tarde», dijo María.

«Gracias», dijo Germán al entrar en la oficina.

En ese momento, recordó algo importante.

«María, ¿Ya hablaste con Lorena? Se nos acaba el tiempo», explicó Germán.

«Me dijo que me iba a llamar hoy. Es una chica muy responsable, no sé qué pasó. La puedo llamar ahora», respondió María, con el teléfono en la mano.

«Pues, inténtalo. Mucho dinero **está en juego**[32] aquí. Si no responde, ve a su casa. Necesitamos una respuesta o vamos a perder mucho dinero».

«De acuerdo. Me pondré en contacto con ella ahora».

Las chicas lo estaban esperando en la oficina. Él entró y le explicó el trabajo a Carolina. Después de la conversación, Carolina entró en un cuatro privado para modelos. María entraba y salía, dándole ropa para que ella **se la probara**[33].

---

32   is at stake

33   try it on

Capítulo 6
La estrella

Mientras Carolina se probaba la ropa en el cuatro privado para modelos, Germán centró su atención en su amiga, Valeria.

«¿Quieres algo de tomar?», le preguntó Germán.

«Sí, **un café**[34], por favor», dijo Valeria.

Germán le sirvió una taza de café con la máquina que tenía en su oficina.

«Gracias por el café. Huele rico», dijo Valeria.

«Es de la zona cafetera. Tuvimos una sesión de fotos con unas modelos allí», dijo Germán.

«**¡Qué chévere**[35]!», dijo Valeria.

«¿Qué haces? ¿Estudias? ¿Trabajas?», preguntó Germán.

«Soy estudiante en la Universidad de Medellín. Estudio diseño allí», respondió Valeria, tomando el rico café.

«**Vaya**[36]. Vas a ser una diseñadora. Sabes que trabajamos con muchas compañías de ropa.

«Sí, Carolina me lo dijo».

«¿Te interesa el mundo del **modelaje?**[37] **Digo**[38], eres muy bonita, inteligente, ambiciosa», dijo Germán.

«Sí, pero, nunca he tenido una oportunidad».

---

34   coffee
35   How cool
36   Wow
37   modeling
38   I mean…

En ese momento la secretaria entró, interrumpiendo la conversación entre Valeria y Germán.

«Disculpen. Germán, ¿tienes un momento?», le preguntó la recepcionista. Él miró a Valeria y le dijo: «Regreso en unos minutos. Disfruta el café».

En ese preciso momento, Valeria fue al cuarto privado para hablar con Carolina.

«¿Cómo va todo?», le preguntó Valeria.

«Bien. Me gusta la ropa. Pero creo que tengo que dejar de comer tantas arepas».

«Te lo dije. Todo en moderación. Te ves muy bonita», dijo Valeria.

«Ya casi estoy lista».

Carolina terminó de probarse la ropa. Después salió y habló con la secretaria sobre la compensación y los viajes que tendría que hacer. Ella no podía creer su suerte. Se imaginaba la cara de su madre cuando le dijera la cantidad de dinero que iba a ganar y los lugares que iba a visitar.

Cuando las chicas salieron de la agencia, Germán se puso muy impaciente. Miró su reloj. Estaba a punto de tener un ataque de nervios.

«María, ¿qué tal? ¿Hablaste con Lorena?»

«Sí, por fin hablé con ella. Tengo muy malas noticias. Ella no va a poder hacer la sesión de fotos en Barcelona. Está muy enferma».

«¡Rayos! ¿Tenemos otra modelo que tenga las mismas características que Lorena?», preguntó Germán.

«La empresa española era muy específica con el tipo de modelo que quería», añadió.

«De momento, no. Miré todos los perfiles y son modelos muy bonitas, pero ninguna con esas características», respondió María.

«No quiero perder el contrato con ellos… tampoco el "negocio"», dijo Germán, caminando hacia la ventana.

«Sin ese dinero, no podemos mantener la agencia a flote. Tenemos que pensar en algo».

«Sería difícil encontrar a alguien con esas características, también a alguien con un pasaporte y que esté dispuesto a "ganar dinero extra" con nuestro programa "internacional"», dijo María.

«No me gusta para nada. Tenemos que encontrar a alguien, o tú tendrías que…».

María lo interrumpió.

«Espera», dijo María.

Ella había tenido una idea.

«¿Qué tal…».

Ella dejó de hablar.

«¿Qué tal qué?», le preguntó Germán impacientemente.

«¿Qué tal la chica que acababa de salir?», preguntó María.

«Carolina ya tiene trabajo. Ella va a hacer una sesión de fotos en Barranquilla, promocionando una marca colombiana allí».

«Me refiero a su amiga. Valeria Montoya», dijo María, mirando el registro de la agencia.

«¿Valeria? Pero, necesitamos a alguien con pasaporte. Es demasiado tarde para sacar uno ahora».

«Es verdad», confirmó María en un tono triste.

De pronto, María recordó la conversación que había tenido con Valeria.

«Germán… ¡Esa chica tiene pasaporte!», exclamó María.

«¿Cómo lo sabes?», dijo Germán, caminando hacia el sofá para sentarse.

«Cuando ella vino más temprano, estaba admirando la pintura española. Ella me dijo que la había visto cuando estuvo en España. Creo que tiene un primo o una abuela que vive allí», dijo María.

Germán se levantó rápidamente y abrazó a María, diciéndole: «Buena idea. ¡Bendito sea el día que te contraté!».

«Pues, un poco más de dinero no me vendría nada mal», dijo María, tratando de negociar un mejor salario en ese momento.

«**Dalo por hecho**[39], y consígueme la dirección de Valeria. Averigua todo lo que puedas sobre ella. Una chica como ella no va a aceptar ser una mula a menos que tenga una causa muy buena».

María no respondió. Ella estaba ocupada mirando algo en la pantalla de su computadora.

«María, ¿me estás escuchando?», preguntó Germán.

Pero María ya había empezado su trabajo de investigar a Valeria. Ella había entrado al perfil de Facebook de Valeria y había encontrado información muy valiosa para la misión.

«Germán, ven aquí», dijo María.

Germán corrió rápidamente al escritorio de María.

«Mira», ordenó María.

Germán miró todas las fotos de Valeria.

«María, ¡es una mujer excepcionalmente bonita! Pero, eso no nos va a ayudar en nada. Tenemos que encontrar una manera de hacerla viajar a Barcelona... ¡con drogas!»

«¡Ay, los hombres!», exclamó María.

«¿Qué?», preguntó Germán.

«Germán, ¡no mires las fotos bonitas de ella! Mira los últimos comentarios allí», gritó María.

Germán miró los últimos comentarios de Valeria en Facebook y había una petición.

«Mi abuela está mejor, pero necesita una cirugía que cuesta mucho dinero. Hablamos con la EPS, pero ellos no quieren autorizar la cirugía. Ojalá solucionemos este problema rápido para salvarle la vida a mi abuela».

---

39 consider it done (you can have a raise)

Germán leyó los comentarios. Él y María se miraron por un momento porque sabían que Valeria era la víctima perfecta. Pero algo más les llamó la atención. Era una foto de Valeria con un policía.

«María, ¡su padre es policía!», gritó Germán.

María no dijo nada. Germán continuó hablando:

«María, ella no puede viajar a Barcelona con drogas. ¡Su padre es policía!».

«Germán, no solo es policía... Trabaja en el aeropuerto en la división antinarcóticos», dijo María con una sonrisa maliciosa.

«¡Ay, no! Tenemos que encontrar a otra persona. Voy a llamar a mi papá para que presione al Ministerio de Relaciones Exteriores. Vamos a conseguir un pasaporte sí o sí».

«Germán, no llames a tu padre. Escucha. Ella es la persona perfecta... ¿Quién sospecharía de la hija de un policía?», dijo María.

Germán pensó en el comentario de María.

«María, ¡eres un genio!», dijo Germán.

Él continuó: «Cancela todas mis citas para mañana. Tengo que hablar con nuestra próxima estrella».

Germán miró a María con una sonrisa torcida.

«Somos la pareja perfecta», dijo Germán.

«Somos demasiado perfectos, mi amor. Te amo».

«Te amo más», dijo Germán.

Se besaron.

Capítulo 7
El olfato del policía

Al día siguiente, el sol entró por la ventana y llenó la habitación. Valeria abrió los ojos poco a poco y de repente notó algo diferente en su habitación. «¿Qué es todo esto?», pensó, mirando todas las flores que había encima de su escritorio. Se levantó, olió las flores y encontró una tarjeta.

«¿Te gustaría desayunar conmigo esta **hermosa**[40] mañana?».

Las flores y la tarjeta eran de Diego, su novio. Él era compañero de su padre en el trabajo. Aunque su padre la **sobreprotegía**[41], él aprobaba la relación con Diego. Conocía muy bien a Diego porque era su mentor en el trabajo. El padre de Valeria también sabía que Diego era un chico a quien podía confiarle la vida de su hija.

Valeria se sintió muy especial. Lo llamó aceptando la invitación. Diego quería llevarla al Museo de Antioquia para ver una nueva exposición, y ella estaba emocionada. Aunque ya había visitado el museo de niña, ahora que estaba tomando clases sobre filosofía del arte, ella veía el arte desde una perspectiva diferente.

Fueron a un restaurante típico de Medellín. Mientras comían, Diego le contó los nuevos **sucesos**[42] de su trabajo. Su superior le decía que él era un policía excepcional y dedicado a cada misión. Le había dado responsabilidades más importantes en el trabajo. Valeria también tenía buenas noticias. Le contó sobre sus clases y sobre las excelentes notas que había sacado en sus últimos proyectos. Mientras Valeria

---

40   beautiful
41   overprotected
42   events

hablaba, Diego la miraba **como si se hubiera sacado la lotería**[43]. Ella era inteligente, ambiciosa y muy bonita. No podía creer su suerte.

Se fueron del restaurante rumbo al museo. Mientras, hablaron sobre la situación de la abuela Delia. El humor de Diego cambió rápidamente al saber que la abuela de Valeria todavía no había recibido la aprobación de la cirugía. Lo mismo le había pasado al tío, que había muerto hacía tres años.

«Me da tanta rabia. Hay tantas personas en esa misma situación. Tenemos que hacer algo para cambiarlo», dijo Diego con una actitud decidida.

«No sé qué puedo hacer. Ya puse un aviso en Facebook. Tengo una página de donaciones».

«¿Has recibido dinero?», preguntó Diego.

«Pues, no tanto. Es tan difícil. Conozco a muchas personas en la misma situación. Siempre dicen que van a reformar el sistema pero, ¡las reformas no ayudan a las personas que necesitan cirugías o medicamentos en este momento!».

«Lo siento. Ojalá hubiera algo que pudiéramos hacer», dijo Diego, abrazando a Valeria.

Él continuó hablando:

«Yo puedo ayudar con mi **aumento de salario**[44], pero no es mucho», dijo él.

«Gracias, pero necesitas ayudar a tu familia. Ellos también dependen de ti».

«Todo se va a solucionar», dijo Diego, pensando en cómo resolver el problema.

«Pues sí. Yo creo eso también. No quiero estar triste. Quiero estar contigo y disfrutar de nuestra cita», dijo Valeria, dándole un beso a Diego.

Llegaron al Museo de Antioquia. Al entrar, la mujer de **la taquilla**[45] les dijo que el museo iba a cerrar temprano por un evento que tendría lugar allí más tarde. Aunque no les quedaba mucho tiempo, entraron y visitaron la nueva exposición; después, fueron a la sala de

43   as if he had won the lottery
44   raise in salary
45   box office

34

Botero.

Apreciaban el arte de Botero, un pintor y escultor colombiano. Su arte era muy popular y diferente. Consistía en personas pintadas en dimensiones gigantescas. Valeria había aprendido en su clase de arte que las dimensiones gigantescas de las personas «boterianas», eran una crítica a la sociedad burguesa, es decir, las personas importantes o los aristócratas. Botero también pintaba los eventos más importantes del país, como la muerte de Pablo Escobar Gaviria, una pintura que siempre hacía reflexionar a las personas cuando la observaban. La pintura hizo que las personas reflexionaran sobre el rol que el Gobierno, los ciudadanos y el mundo habían jugado en la creación de ese narcotraficante cruel.

Diego estaba justo enfrente de la pintura de *La muerte de Pablo Escobar*. Él la había visto tantas veces en su vida, y cada vez le afectaba un poco más. Ese monstruo, conducido por el poder, **la avaricia**[46] y la violencia, había sido el responsable de la muerte de su padre y de muchas más personas inocentes.

Valeria estaba admirando la técnica y los colores que había usado Botero cuando notó que Diego tenía ganas de llorar.

46   greed

«Diego, mi amor... Sé que esta pintura te afecta mucho», dijo Valeria, abrazando a Diego.

«Es por mi padre. Es por la muerte de Pablo Escobar que yo soy lo que soy. Soy policía de la brigada antinarcótica por lo que ese monstruo le hizo a mi padre. Esta pintura revela que las personas que mal empiezan, mal acaban».

«Estoy de acuerdo. Mi amor, haces mucho por el país. Eres un policía muy dedicado», dijo Valeria.

Diego Jaramillo trabajaba con el padre de Valeria en un equipo especial: antinarcóticos en la división aérea. Era un policía muy dedicado. Diego siguió el ejemplo de su padre, quien fue policía durante los tiempos de Pablo Escobar Gaviria; un narcoterrorista de Colombia. Durante esa época, Medellín había pasado por sus peores épocas. Fue también una de las ciudades más peligrosas del mundo. Su padre había muerto en la lucha contra las drogas, y Diego quería continuar su **legado**[47], luchando por una mejor ciudad. Gracias a las personas como Diego, la ciudad tenía una mejor reputación. Era una ciudad bonita y vibrante: la capital de la moda, la industria de belleza y una buena economía. Medellín ahora es una de las ciudades más turísticas y seguras de Colombia.

Diego y Valeria continuaban hablando cuando se les acercó un empleado del museo.

«Disculpen, el museo va a cerrar en quince minutos».

«Vamos a ver el arte precolombino», dijo Diego, mirando hacia esa sala.

«Buena idea, pero primero tengo que ir al baño. Tomé demasiado café», dijo Valeria, caminando hacia el baño.

Mientras estaba en el baño, se arregló el cabello, se aplicó más maquillaje y se puso más perfume. Quería ser la chica más bella para Diego, el amor de su vida.

Cuando salió del baño, un hombre la estaba esperando, y no era Diego.

«¿Valeria?», dijo el hombre vestido elegantemente.

«Hola. ¿Qué tal?».

Ella lo reconoció de inmediato. Valeria le dijo: «Además de ser jefe de una agencia, usted es amante del arte», dijo Valeria riéndose.

47   legacy

«Pues, soy amante de las **cosas bonitas**[48], y el arte es una de ellas», dijo Germán con **un brillo**[49] en los ojos. «Y nada de "usted", podemos "tutear"».

«Ay, perdón… ¿Estás aquí para ver la exposición también? El museo ya va a cerrar», dijo Valeria.

«No… la verdad es que tengo una reunión aquí. Vamos a empezar en unos minutos. Cuando entré, te vi hablando con alguien. Estaba esperando la oportunidad de hablar contigo», dijo Germán.

«Necesitas que le dé un mensaje a Carolina…».

Germán la interrumpió: «Pues, en realidad quería hablar contigo sobre una oportunidad. ¿Te gustaría modelar?».

En ese momento, Diego se acercó al **baño de las damas**[50] para ver si todo estaba bien. Valeria estaba tomando mucho tiempo. Mientras se acercaba, la vio hablando con un hombre alto, guapo y con ropa muy elegante.

«¿Quién es ese **tipo**[51] hablando con mi novia?», pensó Diego.

Germán continuó hablando:

«Voy **a ir directamente al grano.**[52] Necesitamos a una modelo con tus características para un contrato que tenemos con una compañía española».

«¿Es una marca española? ¡Qué emoción!».

«Pues, es un viaje internacional a Barcelona, España, pero la compensación es muy buena».

«¿A España? Me parece estupendo. Tengo pasaporte. Tengo unos tíos que viven allí», respondió Valeria con mucho entusiasmo.

«¿De veras? ¿Desde cuándo viven allí?», preguntó Germán.

«Desde los ochenta. Buscaron **asilo político**[53] por un problema que tenían con las **FARC**[54]».

48	beautiful things
49	a spark; a glimmer
50	women's bathroom
51	dude
52	cut to the chase
53	political asylum
54	Las Fuerzas Revolucionarias Colombianas

«Caramba. Comprendo totalmente», dijo Germán. «Pues, voy a darte la información y tú me dices si te gusta o no».

Germán escribió en el papel lo que ella iba a ganar. En cuanto ella vio la cifra, dejó de hablar. Ella no podía creer lo que estaba viendo. En ese preciso momento, Diego decidió entrar a la conversación:

«Hola, soy Diego Jaramillo, el novio de Valeria. ¿Quién es usted?».

«Hola, ¿qué tal? Soy Germán Aristizábal. Soy dueño de una agencia de modelos».

«Y usted, qué hace aquí», preguntó Diego, como un policía haciendo una investigación.

«¡Diego! ¿Por qué tantas preguntas?», dijo Valeria un poco molesta.

«Está bien, Valeria. Tú eres muy bonita y tu novio quiere saber por qué te estoy hablando». Germán miró a Diego.

«Mire, señor Jaramillo. Mi agencia tiene un evento esta noche en el museo. Por eso, el museo va a cerrar en unos minutos. Conocí a su novia el otro día. Ella acompañó a otra chica que ahora trabaja para la agencia».

«¡Y me ofreció un trabajo!», dijo Valeria entusiasmada.

En ese instante, vino un empleado de la agencia buscando a Germán.

«Germán, ya vamos a empezar», dijo el empleado. Al mirar a Valeria, Germán le dijo:

«Bueno, me tengo que ir. Aquí tienes mi tarjeta. Llámame para que hablemos sobre los detalles del trabajo. Me gustaría que lo aceptaras.

«Gracias, señor. Adiós», dijo Valeria.

Mientras Germán se alejaba, Diego lo miró. Como policía, tenía **un buen olfato**[55] para las personas malas; y su olfato nunca le fallaba. Germán le dio muy **mala espina**[56] y él iba a averiguar por qué.

Valeria estaba muy feliz. Miró una y otra vez a la tarjeta.

«Valeria, ¿de qué se trata todo esto?», le preguntó Diego, mientras los dos salían del museo.

«Es un trabajo... ¡de modelaje! ¿Lo puedes creer?», dijo Valeria.

«Mi amor, ese tipo me da muy mala espina».

«Pues, es un trabajo bueno y paga mejor de lo que gano en el **Éxito**[57]. Voy a hablar con él», aseguró Valeria.

En ese momento, Diego recordó una conversación que había tenido sobre los Aristizábal.

«Valeria, he escuchado rumores sobre su agencia y su familia. No tienen una buena reputación. Creo que no deberías aceptar el trabajo. Hazme caso», dijo Diego.

«Pero Carolina está trabajando para ellos y a ella le va bastante bien. No me dijo nada malo de la agencia», respondió Valeria.

Valeria confiaba mucho en Diego, pero pensó que Diego le decía todo esto por celos. Era una buena oportunidad. Era mucho dinero y ella podía usar ese dinero para ayudar a su abuela. Ella respetaba mucho a Diego, pero no quería que la opinión de su novio le quitara una buena oportunidad. Ella era muy bonita e inteligente, y Germán había reconocido esas cualidades. Iba a aceptar la oportunidad y decidir si el riesgo valdría la pena.

---

55   good sense of smell

56   bad feeling

57   a department store in Colombia

Capítulo 8
El contrato

Carolina estaba haciendo una sesión de fotos en Barranquilla, una ciudad de la costa atlántica de Colombia, que, por cierto, es la **cuidad natal**[58] de Shakira. Durante un descanso, llamó a Valeria para escuchar las buenas noticias.

«Tengo la cita con Germán hoy», le dijo Valeria.

«¡Me estás quitando el trabajo!», respondió Carolina bromeando.

«Pues, no se lo puedo decir a Diego. Él piensa que Germán es una persona muy sospechosa».

«Qué raro. Hasta ahora, no he tenido ningún problema con él. Pero...».

«¿Pero qué?», preguntó Valeria.

«No es nada. He notado que Germán y María son muy discretos cuando hablan de las modelos que hacen los viajes internacionales», dijo Carolina.

«Eso no es malo. Es parte del trabajo, ¿no crees?», dijo Valeria.

«Tienes razón... Diego es un chico espectacular, pero no tiene derecho a controlarte la vida. Él es policía y, **por naturaleza**[59], desconfía de la gente».

«Es cierto. ¡Diego piensa que hasta mi gato es un criminal!», dijo Valeria.

Carolina se rio.

«Ánimo. Vas a causar una buena impresión en la agencia», comentó Carolina.

---

58   birth place
59   by nature

«Gracias; ojalá. Necesito el dinero».

«No te preocupes. Pues, me tengo que ir. ¡Te quiero mucho!».

«Un abrazo. Cuídate», dijo Valeria antes de colgar el teléfono.

Más tarde, Valeria se fue a la agencia de modelos. Estaba muy bien maquillada y tenía puesto un vestido espectacular. Ella quería causar una buena impresión.

Cuando llegó, Germán y María le hablaron sobre el primer trabajo en Cali, la sesión de fotos y la importancia de seguir las instrucciones al pie de la letra. Había una mentora allí, para ayudarla con las poses, las **miradas frías**[60] y las sonrisas falsas que son características de las modelos.

Después hicieron una sesión de práctica, con la ropa de la marca española. Fue un día largo, pero las fotos de Valeria salieron geniales.

«Me gusta más esta», dijo María al indicar una foto de Valeria.

«Esa es muy bonita también», respondió Valeria.

Al terminar la sesión, Valeria ya se iba para la casa, cuando María se le acercó con una expresión seria.

«¿Qué pasó? ¿Hice algo malo?», le preguntó Valeria algo insegura sobre su primera sesión.

«No, al contrario. Usted lo hizo todo bien. Estamos muy contentos con la sesión de hoy. Usted es muy natural».

«Gracias», dijo Valeria.

«Pues, hay una cosita que me gustaría comentarle. Es sobre su trabajo», dijo María.

«Sí, señora. Usted dirá», dijo Valeria.

«¿Recuerda la cifra que le mostró Germán en el museo?», preguntó María.

«¿Cómo la puedo olvidar? Es mucha **plata**[61] y la necesito para ayudar a mi abuela».

«Comprendo. Pues, el problema es que no toda esa plata viene del modelaje»,

60   cold looks; stoic looks

61   money

dijo María.

«No comprendo», dijo Valeria.

«Sentémonos», sugirió María.

María continuó hablando.

«Voy directo al grano. Tenemos una mercancía que necesitamos transportar. Lo hacemos por medio de nuestros viajes. ¿Me comprende ahora?».

«¿Qué tipo de mercancía? ¿Ropa?», preguntó Valeria.

«Pues, **una que vale mucho**[62] y que puede ayudar a su abuela. Necesitamos saber si usted está dispuesta a ayudarnos a transportar la mercancía».

Valeria miró a María con una expresión seria.

«Espere, ¿usted quiere que trasporte drogas sobre mi persona? ¡De ninguna manera! No puedo traerle la desgracia a mi familia así. No puedo creer que me haya pedido hacer eso».

«Valeria, piénselo bien», dijo María.

«¡Qué vergüenza!», dijo Valeria, caminando hacia la puerta.

«Valeria, espere. Lo hemos hecho muchas veces con otras modelos y no hemos tenido problemas. Piénselo antes de responder».

one that's worth a lot of money

«No tengo que pensar nada. ¡No lo voy a hacer!», exclamó Valeria, caminando hacia la puerta.

«Piense en su abuela. Ella necesita un doctor privado, y con el dinero, la puede ayudar», dijo María. «No tendrá que esperar ninguna aprobación de la EPS. La familia Aristizábal tiene contactos», agregó.

Valeria se detuvo. Pensó en lo que había dicho María. Era verdad. Su abuela estaba muy enferma. No quería hacerlo, pero quería ayudar a su abuela con sus necesidades médicas.

Valeria **dio la vuelta**[63] y miró a María.

«Está bien, acepto el trabajo, pero con una condición. Me tienen que pagar por adelantado y hacer una cita médica. Mi abuela necesita ver a alguien urgentemente».

María aceptó las condiciones e hizo todo lo que le había pedido Valeria. Antes de viajar a Barcelona,, Valeria viajó a Cali, otra ciudad de Colombia. Fue un viaje corto en el que hizo una sesión de fotos, muy similar a la que haría en Barcelona. Su viaje a Cali tuvo dos objetivos: hacer la sesión de fotos y hacer el primer viaje como mula. Las personas como Germán querían identificar los puntos débiles de las chicas, para ayudarlas en los viajes más importantes. El viaje también ayudaría a Valeria con los nervios y le daría más confianza para su viaje internacional, su último viaje.

---

63   she turned around

Capítulo 9
La reunión familiar

La casa de Valeria estaba de fiesta. Todos sus familiares y amigos fueron a su casa para felicitarla la noche antes de su viaje a Barcelona. Aunque Valeria estaba rodeada de su familia y sus amigos, se sentía sola. Mientras todos celebraban su éxito con la agencia de modelos, ella sabía la verdadera razón de su viaje.

Todos bailaban salsa, cumbia y vallenato. Después de varias canciones, la música paró. El padre de Valeria empezó a hablar.

«Ven, hija», le dijo su padre.

Valeria se puso al lado de su padre. Él puso su brazo cariñosamente alrededor de ella mientras hablaba con todos: «Valeria, hija mía. Te amo con todo mi corazón. Estoy tan bendecido de tener una hija tan trabajadora, **juiciosa**[64] e inteligente. Eres un buen ejemplo para la siguiente generación y estoy feliz de ser tu padre».

Su padre levantó la copa y dijo: «Por Valeria, mi hija».

Todos aplaudieron y hablaron sobre la gran oportunidad que tenía; era una modelo e iba a ser famosa.

Valeria estaba tan conmovida por el discurso de su padre. Subió a su habitación por un momento para llorar. Sintió que estaba traicionando a su padre, a su familia y a Diego con la decisión de ser una mula. Pero también pensó en la condición de su abuela; si ella no recibía los tratamientos que necesitaba, iba a morir.

---

64   wise

«No hay solución fácil, no la hay», dijo en voz baja.

«¿Estás aquí hablando sola?», preguntó Carolina al entrar.

«¿Qué haces aquí? Pensé que estabas en Barranquilla», dijo Valeria, limpiándose la cara.

«Llegué hace media hora. Quería darte la sorpresa en persona», dijo Carolina al abrazar a Valeria.

«¿Cómo fue todo?», preguntó Valeria.

«Pues, ya no trabajo para la agencia», respondió Carolina.

«¿Qué? Pero todo iba bien», dijo Valeria.

Carolina se levantó para cerrar la puerta.

«¿Qué pasó? Pensé que a ti te gustaba», preguntó Valeria, intentando descubrir lo que había pasado con Carolina y la agencia, aunque ya tenía una idea.

Carolina le habló en voz baja como si confesara un crimen.

«Claro, me gustaba mucho, pero...».

Ella dejó de hablar por un momento. Después continuó con la conversación.

«Si te digo la verdadera razón, prométeme que no se lo vas a decir a nadie», dijo Carolina.

«Claro... Soy una tumba», dijo Valeria.

«Pues, no lo vas a creer, pero ellos querían que yo fuera una mula. Querían poner drogas en mi equipaje», dijo Carolina.

Valeria estaba muy callada mientras hablaba Carolina.

«¿Y?», preguntó Valeria.

«Y... ¡No lo hice! Después de todo lo que ha pasado en nuestro país, nuestro progreso contra los narcotraficantes, no pude. Quiero ser modelo, pero no a ese costo», dijo Carolina con mucha convicción.

Valeria seguía callada.

«Valeria, ¿no vas a decir nada?», le preguntó Carolina.

Carolina la miró intensamente y le preguntó:

«Si Germán te lo pide, vas a renunciar, ¿verdad? Aunque no creo que te lo pida, sabiendo que tu padre es policía», bromeó Carolina.

Valeria no dijo nada. En ese momento, Carolina pensó en lo peor.

«Valeria... no me digas que estás metida con ellos», dijo Carolina.

«¿Qué voy a hacer? No puedo dejar que mi abuela se me muera», explicó Valeria.

«Pero, Valeria, es muy peligroso. Eres mi mejor amiga y yo no puedo dejar que hagas eso. Te vas a arruinar la vida», dijo Carolina en un tono serio.

«Carolina. Ya lo sé. No quiero hacerlo, pero, me siento atrapada. Mi abuela está muy enferma. Tengo esta oportunidad de ayudarla. Tal vez no sea la mejor decisión, pero es lo que hay».

«Tengo cita con otra agencia de modelos. La agencia tiene una muy buena reputación. El pago es bueno. Hay muy buenas agencias en Medellín. Nos tocó una mala. No tienes que ser una mula para ellos. Hay opciones», dijo Carolina.

«Ya hice un viaje… a Cali», confesó Valeria.

«¡Ay, no! No lo puedo creer. ¡Eres mejor que eso Valeria! ¿Qué pasa con tus valores? ¿Qué dice Diego de todo esto?», preguntó Carolina.

«¿Qué más da? Es mi vida», dijo Valeria enojada.

«Valeria, comprendo tu situación. Pero no puedes ser una mula. Creo que tu abuela preferiría que buscaras otra manera de ganarte esa plata. Ven conmigo a la cita. Seguro que obtendrás un trabajo rápido. El dinero fácil es muy difícil **a largo plazo**[65]».

«Lo he pensado. Voy a hacer este último viaje», dijo Valeria.

Ella miró a Carolina a los ojos:

«Carolina, sé que no estás de acuerdo, pero tienes que apoyarme. Necesito hacerlo por mi abuela».

«Te quiero como una hermana, pero tienes que estar lista para sufrir las consecuencias de tus acciones. Eso de ser una mula no es un trabajo fácil», comentó Carolina.

«Ya lo sé», respondió Valeria pensativa.

«Tú no lo sabes. Estás confiando mucho en la palabra de Germán. ¿Por qué no lo hace él? ¿Por qué busca a modelos que hagan su trabajo sucio? ¿Sabes por qué? Porque es un trabajo **arriesgado**[66] y él no quiere arriesgar su vida».

«Lo voy a hacer. Es por mi abuela. Es un sacrificio que estoy dispuesta a hacer», dijo Valeria.

«Tú decides, porque eres la que va a sufrir las consecuencias».

---

65   in the long run

66   risky

Las dos se abrazaron. Carolina salía de la habitación de su amiga cuando dio la vuelta y le dijo:

«Buena suerte con tu viaje mañana y ojalá que sea tu primer y último viaje como mula... y no tu último día de **libertad**[67]».

---

67 freedom

Capítulo 10
La mula

La madre de Valeria miraba por la ventana cuando vio llegar el taxi.

«Hija, ya llegó el taxi, hija», le dijo la madre nerviosamente.

Valeria se despidió de su abuela.

«Qué Dios te bendiga, hija», le dijo la abuela, dándole una cadena.

«¿Esto qué es?», preguntó Valeria, examinando la cadena.

«Es para la buena suerte. Mi madre me la dio cuando me mudé de Valledupar a Medellín con tu abuelo hace muchos años… **Que en paz descansen los dos[68]**».

«Gracias, abuelita, esta cadena significa mucho para mí», dijo Valeria, abrazando nuevamente a su abuela.

«Gracias a ti, ya tengo la cita médica. Me van a hacer una evaluación en una semana. Si todo está en orden, me pueden operar dentro del mes». Escucharon la bocina del taxi.

«Vamos, hija. El taxi ya llegó. ¿Seguro que no quieres que te acompañe?», le preguntó la madre.

«Mamá, quédate aquí con mi abuela. Carolina se va a reunir conmigo en el aeropuerto», mintió Valeria.

«Que Dios te bendiga, mi hijita», le dijo su madre, besándola. «Llámame cuando llegues al aeropuerto».

«Sí, de acuerdo. Te amo, mamita», dijo Valeria.

El taxista salió del taxi para ayudarla con las maletas. Cuando él iba por la mochila de Valeria, ella se puso nerviosa.

---

68   May they both rest in peace

«Gracias, pero yo voy a llevar la mochila conmigo. Ella apretó[69] la mochila y entró al coche. Se aseguró[70] de tener su computadora: era el objeto más valioso, la verdadera razón del viaje».

«¿Adónde viaja?», preguntó el taxista a Valeria.

«A Barcelona», dijo Valeria secamente.

«¿Va a España para ganarse la vida, eh? ¡Qué bueno para usted! ¿De qué va a trabajar allí?»

«Soy modelo. Voy a hacer una sesión de fotos», dijo Valeria.

«¡Qué bueno! Mi hija era modelo... Antes de la crisis. Estaba entrenando para ser la próxima Miss Venezuela. Ahora trabaja de cajera en el Éxito[71]. ¿Cómo es la vida, eh?».

«Sí, la vida es muy complicada a veces», dijo Valeria, mientras miraba al taxista por medio del espejo retrovisor[72]».

«Usted no parece muy feliz con su viaje... ¿Todo bien?», le preguntó mirando por el espejo del taxi.

«Sí, todo bien. Son los nervios», dijo Valeria.

Mientras viajaba al aeropuerto, apreciaba la naturaleza de Medellín. Veía las montañas en la distancia, escuchaba las conversaciones en la calle y pasaba sus panaderías favoritas. Se puso muy nostálgica. Después de una hora, llegaron al aeropuerto.

«Bueno, ya llegamos; son 48 mil pesos[73]».

«Aquí tiene», dijo Valeria, pagándole al taxista.

Ella salió del taxi y miró hacia adentro con mucha cautela[74]. Todo pasó muy rápido y casi exactamente como ella lo había soñado. La gente le pasaba por al lado, hablaba y los empleados recogían el equipaje.

Mientras entraba al aeropuerto, vio a un policía con un perro antinarcóticos[75]. Aquellos perros están entrenados para encontrar drogas. Los dos pasaron al lado de Valeria y siguieron. Ella estaba llegando a las puertas principales del aeropuerto, cuando escuchó la voz

69	held it close
70	made sure
71	a department store in Colombia
72	rearview mirror
73	$18-$20 dollars
74	caution
75	drug-sniffing dog

del policía con el perro de drogas.

«¡Señorita!», gritó el policía.

Valeria se puso nerviosa mientras veía que el policía corría hacia ella con el perro.

«Hola. ¿Todo bien, oficial?», preguntó Valeria, nerviosamente.

«¿Usted es Valeria Montoya?», preguntó el policía.

«Sí, soy Valeria», dijo Valeria, confundida.

Ella tenía los pelos de punta. Apretó su mochila otra vez.

«Pues, usted dejó caer esto», dijo el policía, dándole su **billetera**[76].

«¡Gracias!», dijo Valeria rápidamente.

Los empleados de Germán eran muy inteligentes. Ellos habían puesto **un químico**[77] sobre las drogas para que los perros no pudieran detectar a las personas que las llevaban, y funcionó.

El policía se fue, pero Valeria se quedó inmóvil por un momento. Estaba muy nerviosa y, una vez más, dudaba de su misión. Cerró los ojos. Respiraba y tocaba la cadena que le había dado la abuela.

«Todo va a estar bien», pensó Valeria.

Cuando abrió los ojos, otro policía estaba delante de ella. Era Diego.

«Valeria, ¿adónde vas?», preguntó Diego.

«Diego, ya no soy tu novia. Tú dejaste muy claras las cosas. Me dijiste que yo tenía que escoger entre tú y mi trabajo, ¿no?».

«Sí, es verdad, y escogiste tu trabajo, obviamente».

«Piensas mal. No escogí mi trabajo. Escogí a mi abuela. Hago todo por ella», dijo Valeria, nerviosa.

«¿Adónde vas?», preguntó Diego de nuevo.

Valeria no quería hablar con él por mucho tiempo. Ella necesitaba escapar de todos los policías.

«Voy a Barcelona. No tengo mucho tiempo. Me tengo que ir, Diego», dijo Valeria.

«Valeria, te dije que Germán es una persona sospechosa», dijo Diego.

Diego empezó a hablar en voz baja: «Lo están investigando».

---

76   wallet

77   chemical

Valeria intentó continuar caminando cuando Diego la agarró por el brazo. Diego provocó que la mochila cayera al piso. La mochila se abrió y la computadora salió. Los ojos de Valeria se agrandaron. Ella miró la computadora en el piso. Diego también la miró en el piso y quiso ayudarla.

Ella intentó recoger la computadora rápidamente. Pero su intento fue **en vano**.[78] Diego vio que su computadora tenía drogas adentro. Él miró a su alrededor para ver si había otros policías. Después miró el ángulo de las cámaras en el aeropuerto. Diego confirmó que ellos estaban en un lugar **fuera**[79] del perímetro de las cámaras.

Diego le dijo: «Valeria, no lo puedo creer. ¿Estás transportando drogas?», le preguntó.

«Diego, no tuve una opción en esto. Tú viste lo enferma que está mi abuela. No podía esperar hasta que la EPS aprobara su cirugía. Necesita una cirugía y yo se la voy a pagar».

«Valeria, si te **denuncio**[80], vas a la cárcel ahora mismo. Te pueden caer muchos», **advirtió**[81] Diego.

«¿Me vas a denunciar? ¿Vas a dejar que yo vaya a la cárcel y que mi abuelita se muera? ¿No tienes compasión por mi abuela?».

Ella cerró la computadora y la regresó a la mochila. Diego pensó en todo lo que ella le había dicho.

En ese momento, llegó otro policía.

---

78   in vain, useless
79   outside
80   report you
81   warned

Capítulo 11
La hija ejemplar

«Hola, hija, te estaba buscando. Quiero ayudarte con las maletas», le dijo Jaime, su padre.

Diego y Valeria se miraron. Valeria apretó aún más la mochila.

«Don Jaime, no se preocupe, yo voy a ayudarla», dijo Diego.

Él no quería que el padre de Valeria descubriera que su hija era una mula.

«¿Qué dice? ¡Es mi hija y yo la voy a ayudar!»

Jaime miró a Valeria y le dijo: «Además, quiero presentarte a mi superior. Ella quiere conocerte».

En ese momento, Diego se puso aún más nervioso.

«Bueno, voy con ustedes», dijo Diego, caminando con Valeria y su padre.

«Diego… lo necesito a usted para otra **tarea**[82]. Villanueva no se presentó hoy en el trabajo. Su hija está enferma. ¿Puede cubrir el almuerzo del sargento Pumarejo?», preguntó Jaime.

«Pues, me gustaría acompañar a Valeria», le dijo Diego a Jaime.

Jaime lo miró y le dijo: «¿Podemos hablar un momentico?».

«Sí, cómo no», respondió Diego.

Jaime y Diego hablaron en voz baja.

«Mire, Diego, sé que quiere mucho a mi hija. También sé que ustedes ya no son novios. Valeria se ve muy nerviosa hoy, y creo que es porque ella necesita un poco de espacio… de usted. ¿Me comprende? Ahora, ¿puede ir a cubrir el almuerzo de Pumarejo?».

«Sí, voy para allá ahora mismo», respondió Diego, mirando a Valeria.

«Adiós, Diego. Gracias por todo», dijo Valeria al abrazarlo.

Ella le dijo al oído: «Te quiero».

«Buen viaje», le dijo Diego a Valeria.

Él no quería **soltarla**.[83] Fue la primera vez en un mes que la había abrazado. Mientras tanto, su padre fue a hablar con otro agente. Valeria entró a la parte principal del aeropuerto para confirmar su boleto. Y entregó las maletas. Después, tenía que pasar por seguridad con su computadora.

Ella **se unió a la fila**[84] a la fila larga de seguridad. Los perros detectores de droga caminaron, oliendo el equipaje de la gente. Ella estaba muy nerviosa. En ese momento, contempló **tirar la toalla**[85] e irse para la casa.

«¡Valeria! ¡Valeria!», gritó su padre desde el otro lado.

«Ven, hija», dijo el padre.

Ella caminó hacia su padre.

«¿Y esa cara, mi hijita? ¿Estás bien?», le preguntó.

«Estoy bien. Estoy algo nerviosa por el viaje», dijo Valeria.

---

82   task
83   let her go
84   got in line
85   to throw in the towel/to give up

«Pues, no tienes que estar en la fila para la seguridad, ven conmigo», dijo el padre.

Valeria salió de la fila de seguridad y le siguió a su padre a otra sala. Cuando ella entró, vio que había una mesa de metal y unas sillas. Había todo tipo de **equipamiento**[86] allí.

La jefa de su padre entró y vio a Jaime con una chica joven.

«¿Qué tenemos aquí, una mula? ¡Vacíe esa mochila ahora mismo! Las personas como usted son las que le dan una mala reputación a Colombia», le dijo la jefa.

«¡Sargento, no es ninguna mula! ¡Es mi hija Valeria!», dijo el padre.

Ella pensó que Valeria era una criminal porque aquella era la sala donde llevan a los sospechosos en el aeropuerto.

«¿Ella es la modelo que va para España?», preguntó la jefa, «¿Por qué la trajiste aquí, Jaime?».

«Dejé mi radio aquí», dijo él, levantando la radio.

«Perdóneme, Valeria. Hemos tenido un día muy cansador por la

---

86   equipment

cantidad de personas que traen drogas a través del aeropuerto», dijo la jefa.

Valeria casi no podía hablar. Tenía tantos nervios.

«Bueno, qué gusto conocerla», continuó la sargento. «Mire, su padre no para de hablar de usted. '**Mi hija esto, aquello y lo otro**'[87]», dijo ella sonriendo.

En ese momento les entró una llamada al radio.

«Hemos detenido a un anciano con drogas en su **bastón**[88]», dijo el policía en la radio.

La jefa agarró sus cosas y se fue corriendo de la sala. «Jaime, lo necesito en la puerta seis».

«Hija, buen viaje, tenemos que ir a trabajar. Los narcotraficantes son cada vez más inteligentes».

Su padre la besó y se fue. Valeria se sentó en la silla y se calmó. Cuando pensó en su suerte, pensó que quería irse para su casa. Ella ya no había tenido que pasar por la seguridad. Los perros no habían identificado la droga. Ella pensó que quizá, la cadena de buena suerte que le dio la abuela estaba funcionando.

Entonces se dijo a sí misma: «Tengo suerte porque yo estoy haciendo algo para salvarle la vida a mi abuela».

Se levantó rápidamente y se fue a su **puerta**.[89] En cuanto llegó allí, esperó dos horas. No se movió de su asiento, ni siquiera para ir al baño. Durante ese tiempo, recibió un mensaje de María, de la agencia de modelos.

«¿Cómo fue todo?»

«Todo bien».

«Me alegro. Lo más difícil ha pasado. No puedo esperar a ver las fotos».

---

87   my daughter this, that, and the other
88   cane
89   gate

Capítulo 12
La aduana

Cuando Valeria llegó a Barcelona, se puso en la fila de la inmigración inmediatamente. El agente de la aduana le hizo muchas preguntas sobre su estancia en Barcelona.

«¿De qué trabaja, señorita?», le preguntó el agente de la aduana.

«Soy modelo», respondió Valeria.

Ella trataba de responder las preguntas con calma.

El agente la miró por mucho tiempo. La mirada del agente incomodó a Valeria.

«¿Cuánto tiempo va a estar en Barcelona?», preguntó.

«Dos semanas», respondió ella.

«¿Dónde se va a quedar?», preguntó el agente, ingresando todos los datos en la computadora.

Ella le dio el nombre del hotel y la dirección.

«¿Usted trae cosas ilegales sobre su persona?», preguntó el agente.

Valeria no dijo nada. El agente la miró otra vez y preguntó:

«¿Usted trae cosas ilegales sobre su persona?», volvió a preguntar.

«Perdón, no escuché bien la pregunta. No, no traigo cosas ilegales. Soy modelo. Estoy aquí para trabajar».

«¿Usted misma ha empacado sus propias maletas?», preguntó, entrando

los datos en la computadora.

«Sí, yo empaqué las maletas».

El agente **selló**[90] el pasaporte y Valeria se fue.

Después del interrogatorio, ella buscó las maletas inmediatamente. Las recogió y buscó desesperadamente la salida del aeropuerto. Ella podía ver a muchas personas al otro lado de las puertas de vidrio. Vio al contacto de la agencia. Tenía una camiseta azul con el logotipo de la agencia. Estaba al otro lado, esperándola. Estaba a punto de salir, cuando vio al mismo agente de aduana delante de ella.

«Señorita», dijo el agente.

Se puso muy nerviosa inmediatamente.

«¿Puedo hablar con usted un momento?», dijo el agente.

«Sí, ¿pasó algo con mi pasaporte? ¿Necesita algún documento adicional?», le preguntó Valeria.

«Sígame, por favor», dijo el agente mientras entraba en una sala. Al entrar, a Valeria le recordó a la sala del aeropuerto de Medellín.

«¿Por qué estoy aquí? ¿Hice algo malo?», preguntó Valeria.

El agente continuó mirándola.

«¿Es su primera vez aquí, en Barcelona?», le preguntó el agente.

«Sí, es mi primera vez… Y, como le dije, estoy aquí por trabajo, nada más», dijo Valeria, apretando su mochila.

«Por eso, está aquí por primera vez. Quizás no conoce muy bien la ciudad y, pues… me gustaría invitarla a tomar un café o comer algunas tapas mientras usted está aquí en Barcelona».

Valeria estaba muy sorprendida. En ese momento, pensó: «Necesito salir del aeropuerto, ¡no estar planeando citas con un agente de la aduana!».

«¿Qué? ¿Me está invitando a un café?», le preguntó Valeria con mucha curiosidad.

En ese momento, Valeria tuvo una gran idea. Ella necesitaba decirle al agente lo que él quería oír para salir rápidamente del aeropuerto. Empezó a flirtear con él.

«Pues sí, me gustaría tomar un café con usted. Es un agente muy guapo. ¿Me da su información? Lo llamaré cuando esté en el hotel. Estaré

---

90   stamped

libre mañana por la noche», dijo Valeria, flirteando (**coqueteando⁹¹**).

«Vale», dijo el agente, escribiendo su número de celular lo más rápido que pudo.

Finalmente, Valeria salió del aeropuerto. El hombre de la agencia la estaba esperando.

«Hola, me llamo Jordi. Soy de la agencia». «Valeria, mucho gusto».

Valeria todavía estaba temblando por la conversación con el agente.

«¿Qué tal todo? ¿Qué quería ese agente?», preguntó Jordi, ayudándola con las maletas.

«¡Ay, tengo los nervios de punta!», dijo Valeria. «Quiero sacar todo de mi de computadora ahora mismo».

«Tranquila, todo en su momento», dijo Jordi.

Él le dio la tarjeta de su habitación del hotel. «Voy contigo y lo saco todo», dijo Jordi.

«¡Qué alivio! No te imaginas el día que acabo de tener», dijo Valeria.

«Valeria, eres una chica muy valiente. Descansa esta noche y mañana empezamos con la sesión de fotos. Recuerda: por la mañana, no comas harinas, ni productos lácteos. Aquí está la lista de la dieta especial para la sesión de fotos».

Los dos entraron al taxi.

⁹¹ flirting

Capítulo 13
Valeria

Después de dos semanas en España, Valeria regresó a Medellín. Ella estaba feliz porque había podido hacer otras cosas en España. Conoció a otras modelos y fueron a Mallorca e Ibiza, dos islas muy populares de España.

Cuando salió del avión, Diego estaba allí, esperándola. Ella había recordado el sacrifico que había hecho para que ella pudiera «completar la misión».

Ella lo abrazó muy fuerte. Aunque él era un buen policía con principios muy fuertes, no había podido entregar a Valeria. La quería mucho y sabía lo mucho que ella necesitaba ayudar a su familia.

«Todo se acabó», dijo Valeria.

«Valeria, te extraño», dijo Diego en un tono romántico.

La abrazó y la besó mucho. Después la miró y le dijo: «Ya no puedes trabajar para Germán».

«Todo se acabó, mi amor. No quiero verlo más».

«Bueno, vamos a tu casa. Todos te esperan allí. Carolina va a llegar un poco tarde».

«Ella siempre llega tarde», dijo Valeria, riéndose.

Mientras salían del aeropuerto, **el noticiero**[92] les llamó la atención.

«La policía de Medellín capturó a Germán Aristizábal por presuntos cargos de tráfico de drogas. La investigación indicó que él ha usado su agencia de modelos como un **testaferro**[93] de tráfico de drogas. El equipo de antinarcóticos lo ha seguido por meses y hoy lo arrestaron. Los tendremos informados a medida que evolucionen los eventos. En otras noticas, **Nacional**[94] le ganó a Santa Fé de Bogotá...».

Diego miró a Valeria.

«¿Y el dinero que él te debe para la cirugía de tu abuela?», le preguntó nerviosamente.

«Menos mal que me lo pagaron antes... en efectivo. No quería decirle nada a nadie hasta después del viaje. No querían que sospecharan de mí».

«Menos mal, porque no quiero verte asociada con él», dijo Diego.

Llegaron a la casa y todos la esperaban Todos celebraron y miraron las fotos de Valeria. Ella tenía las fotos que iban a poner en la revista con la marca de ropa.

De repente, alguien llamó a la puerta.

«Es Carolina, siempre llega tarde», dijo Valeria, riéndose.

Por fin, se sintió aliviada. Ya no iba a meterse en problemas. La abuela Delia abrió la puerta. Había tres policías.

«Hola, señora, ¿vive aquí una tal Valeria Montoya?», preguntó uno de los policías.

«Sí, es mi nieta», dijo la abuela preocupada. «¿Buscan a Diego o a Valeria?»

«A Valeria, señora», confirmó el policía.

---

92   the news
93   front
94   soccer team from Medellín

Diego vio a los tres policías y fue a la puerta.

«¿En qué puedo colaborar?», preguntó Diego, mirando a los policías.

«Tenemos una **orden de captura**[95] contra Valeria», dijo el policía.

Ellos entraron y vieron a Valeria. Ella estaba muy confundida.

«Quiero ver la orden de captura que tienen. Ella es una estudiante y no ha hecho nada malo», dijo Diego, defendiendo a Valeria.

El policía principal miró a Valeria y le preguntó:

«¿Usted viajó a Cali en el mes de julio?»

«Sí», confirmó Valeria.

«En este viaje, usted le llevó drogas a este hombre», dijo el policía, mostrándole una foto.

«¿Qué? ¿De qué hablan?», dijo la abuela «Mi nieta no tiene nada que ver con las drogas», dijo, agarrando su corazón.

«Mamá, siéntate. Trae agua con azúcar», le dijo Rosa a otro familiar en la casa.

Valeria miró a su abuela y a su familia.

«Vamos a llevarla a la estación de policía. Allí podremos hablar tranquilamente», dijo el policía.

«Voy a llamar a un abogado. Esto es injusto», dijo Diego.

«Señorita, vámonos», dijo el otro policía.

Valeria fue a la estación de policía. Allí le mostraron el video en

---

95   arrest warrant

donde se veía cómo ella había entregado un paquete de drogas a un señor; el señor era **un policía encubierto**[96]. Ellos habían estado investigando a Germán por muchos años, pero cada vez que se acercaban a la verdad, perdían la evidencia. Había unos policías corruptos que habían recibido dinero de Germán. Pero esta vez, los policías se infiltraron en el círculo de Germán, y así fue como lo arrestaron.

Cuando Valeria vio toda la evidencia, sabía que iba a la cárcel. Confesó sobre los detalles de sus viajes para recibir una **condena reducida**[97]. Al final, la condenaron a tres años de cárcel.

Durante ese tiempo, la salud de su abuela mejoró tras la cirugía. Su abuela había averiguado lo que su nieta había hecho y no estaba de acuerdo con las decisiones de Valeria. Aunque la abuela amaba mucho a Valeria, decía: «Valeria va a sufrir las consecuencias de su decisión. Todos los que toman la decisión que ha tomado ella, van a sufrir el mismo destino».

Valeria pensó mucho en la decisión que había tomado. Se dio cuenta de que podría haber hecho otras cosas para ayudar a su abuela,

96   undercover police officer
97   lighter jail sentence

aunque tal vez no eran opciones atractivas en aquel momento. Y ahora podría estar con su familia y con Diego.

Su familia la visitaba todos los domingos, excepto su padre. Ella sabía que tendría que trabajar mucho para recuperar la confianza de su padre. Él estaba muy lastimado con la decisión de Valeria. Estaba avergonzado, ya que era un policía y su trabajo era atrapar a las mulas en el aeropuerto.

Su padre pensaba que, como familia, podrían haber pensado en un plan que no tuviera que ver con las drogas. De hecho, su padre estaba trabajando mucho y había ganado un poco de dinero adicional para ayudar a la abuela.

Cuando su padre no se presentaba en la cárcel durante el día de visitas, su madre le decía a Valeria: «Dale tiempo, está muy lastimado, pero te quiere mucho. Todavía eres su princesa».

Valeria no perdió todas sus relaciones importantes. Ella y Diego seguían juntos. Él la visitaba todos los domingos. Hicieron planes para casarse en el futuro. Ella seguía en contacto con Carolina, quien estaba a punto de ser una estrella del modelaje en Colombia.

Carolina se unió a la vibrante e innovadora cultura de Medellín. Ella trabajaba para otra agencia prestigiosa que tenía contratos con nuevas empresas de ropa ecológica de Medellín. Había salido en la tele un par de veces en los desfiles. Valeria estaba muy orgullosa de Carolina porque al final de todo, había tomado la decisión correcta y su premio había sido la carrera exitosa que estaba emprendiendo. La lección más valiosa que había aprendido Valeria era que no vale la pena ser una mula. Ella se dio cuenta de que había tantas oportunidades en Medellín. Ella hablaba mucho con Diego sobre cómo empezar un canal de YouTube sobre los peligros de ser mula y otras opciones similares. Quería preparar a las chicas para ocupar un lugar firme en el nuevo Medellín, una ciudad progresista, ecológica, innovadora y segura, y dejar atrás la vieja ciudad.

Esta historia se basa en hechos reales. Aun con las buenas opciones en la vida, hay personas que toman decisiones malas. Estas decisiones pueden ser por necesidad o por vanidad, pero el resultado es el mismo: la cárcel. La verdadera «Valeria» era una modelo exitosa y quería ganar más dinero. En 2015, ella transportó drogas a un país cuyas leyes eran muy estrictas. Fue capturada en el aeropuerto de ese país y ahora está cumpliendo una condena de quince años. Era una modelo que tenía aspiraciones de ser una presentadora de Medellín.

Ella está aprendiendo que el dinero fácil nunca es fácil.

Glosario

abrazar - to hug

acompañar - to accompany

acuerdo - agreement

adelantado - in advance

adentro - inside

agarrar - to grab

alrededor - around

aprobación - approval

aprobar - to approve

armario - closet

arreglarse - to fix up oneself

arrestaron - they arrested; you all arrested

asustar - to scare

averigua - s/he finds out; you (formal) find out

belleza - beauty

cadena - chain

callado/a - quiet

cárcel - jail

cariñosamente - lovingly

cayera - it fell (subjunctive)

cita - date; appointment

ciudad - city

colgando - hanging

comentario - comment

concurso - contest

creo - I believe

cualidades - qualities

cubrir - to cover

cuerpo -body

dejó - s/he stopped; left

delgado/a - thin

derecho - right (to do something)

desayunar - to eat breakfast

desfiles - Runway shows

diseñadora - designer

empleado - employee

encima - on top of

encontró - s/he found; you (formal)

found

encubierto - undercover; covered

enfrente - in front of

entretenidos - entertained

equipaje - luggage

equipos - teams

espejo - mirror

espejo retrovisor - rearview mirror

esposas -handcuffs/wives

estaban - they were; you all were

estancia - stay (in a place)

estuvo - s/he was; you (formal) were

exponer - to expose

exposición - exhibition

flores -flowers

fotos - pictures

fuerzas - strength

ganarse la vida - to make a living

ganar - to win/to earn

gritara - s/he yelled; you (formal) yelled

(subjunctive)

gritar - to yell

guerra - war

había - there was; there were

hermosa - beautiful

hizo - s/he made; you (formal) made. s/he did; you (formal) did

huelo - I smell

juego - game

lácteos - milk byproducts

libre - free

licuado - smoothie

lugar - place

maletas - suitcase

malicioso/a - evil

mantener - to maintain

maquillaje -makeup

marca - brand

mejor - better

mensaje - message

mercancía - merchandise

miradas - looks

mochila - backpack

moda - fashion

mostrar - to show

mula - mule/drug mule

mundo - world

oler - to smell

olió - s/he smelled; you (formal) smelled

olor - smell

página - page

panaderías - bakeries

paralizado/a - paralyzed

pecho - chest

tener los pelos de punta - to be very

nervous

pesadilla - nightmare

plátano - plantain

ponerse - to put on

preocuparse - to be worried

probarse - to try on

probar - to test/to try on

proteger - to protect

próximo/a - next

quería - s/he wanted; you (formal) wanted

quitara - that s/he took off; you (formal) took off (subjunctive)

recoger - to pick up

revela - s/he reveals; you (formal) reveal

rico -rich/ delicious

romperse - to break up/ break something

sacar - to take out

secarse - to dry onself

según - according to

semana - week

siguiente - following

siguió - s/he continued; you (formal) continued

sociedad - society

sonrisa - smile

sospechar - to suspect

subir - to go up; to board

sueño - dream

suerte - luck

sufrir - to suffer

taquilla - box office

tardar – to take a long time; to be delayed

tarjeta - card; business card

taza - cup

tenía - s/he had; you (formal) had

tirar - to throw

toser - to cough

trabajador(a) - worker

trae - s/he brings; you (formal) bring

tuviera - s/he had; you (formal) had (subjunctive)

tuvo - s/he had; you (formal) had

último/a - last

valer la pena - to be worth it

valioso/a - valuable

vaso - glass

vez (veces) - sometimes

viaje -trip

vida - life

vio - s/he saw; you (formal) saw

CPSIA information can be obtained
at www.ICGtesting.com
Printed in the USA
LVHW051517270123
738010LV00002B/451